ゲッターズ飯田の

縁のつかみ方

ゲッターズ飯田

朝日新聞出版

はじめに

占いでもっとも多いのは「人間関係」の悩みです

「なぜ、あの人とうまくいかないのか？」
「どうして、あの人のことが嫌いなのか？」

占いをしていて受ける相談の多くは、「人間関係の悩み」です。冒頭の2つは、なかでも代表的なものです。

恋愛も家族関係も人間関係の一種だと言えばそうでしょうし、仕事の悩みでも、上司や部下、取引先との人間関係の悩みをよく打ち明けられます。

ではなぜ、みんなそんなに悩むのか。

いきなりこう言うと驚かれますが、僕はそもそも、「あの人とうまくいかない」と思うことがありません。

なぜ、思わないのか。

なぜか？……と聞かれても、「僕自身はうまくいっているから、うまくいっている」としか答えようがありません。

考えてみたら、僕は誰かと「うまくいっている」とか、「うまくいっていない」という判断をしていません。そういう基準では見ていない。

そういうふうに見ていないから、冒頭のような疑問は、僕には湧いてこないんです。

ただ、近いものとして、「あぁ、この人とは、この部分ではわかり合えないんだな」と思うことはあります。

5万人以上の人を占っていますから、そりゃあ、考え方の違う人はいくらでもいます。

でも、だからといって、「嫌い」になることはない。

わかり合えないと感じたら、「あぁ、わかり合えないんだな」と、そのまま思うか、「へぇ〜、僕とは違う考え方だ。面白いなぁ」と思うか。たいていはそのどちらかです。

そこに、「うまくいっている、うまくいっていない」という判断を持ち込みません。

そう言うと、よく「わかり合えなくて、イヤじゃないんですか?」と聞かれます。

僕の答えは、「イヤじゃない」です。

さらに、「わかり合えない人を嫌いになりませんか?」とも聞かれます。

これも、「ならない」です。

そもそも、「うまくいっている、うまくいっていない」という判断は、その人が勝手にしていることですよね。相手はそんなこと少しも思っていないかもしれないじゃないですか。僕のように。

そう考えると、人間関係に悩む人というのは、自分の気持ちを主張しているだけです。

自分の感じ方しか見ていない。「私の気持ちをわかってほしい」という、自分の欲求しか頭にないのです。

だから、冒頭のような悩みにはまる人は、

……自分勝手な人です。

この本のテーマは、「縁のつかみ方」ですが、僕は人間関係にあまり悩まないタイプなので、もしかすると、皆さんが欲しいような答えは出ないかもしれません。

けれども、5万人以上占ってきたことで、人間関係に悩む人のパターンや傾向、そこから抜けられる人と抜けられない人の違いなどはわかります。

また、幸せな縁を築いているように見える人たちには共通点もあります。それらを振り返りながら、この本を書いてみることにしました。

1章では、「その人間関係の悩みは、固定観念に縛られているだけでは？」という現象を紹介します。

2章では、「縁はどのようにできていくか？」を考え、「縁の正体」に迫ります。そして他人をどう捉えるかについて、僕の思いを述べます。

3章では、「人づきあいで行き詰まったときに使える新習慣」を提案しつつ、「縁のつかみ方」をまとめます。

4章では、縁をつなぐ大切なものを伝えながら、僕が実践している「縁のさらなる深め方」をお伝えしていきます。

はじめに言っておきたいのは、人生には、楽しいことやうれしいこと、イヤなことや腹立たしいことなど、さまざまな出

来事があるということ。このうち、悩みが生まれるのは、後者のネガティブな感情にはまっているときですよね？

どこを見るか。

悩みが生じたときに大事なのは、そこです。悩みにはまらないこと。悩みばかりを見つめないことです。

これは、人間関係も同じ。悩んでしまう出来事があっても、その悩みのどこかに、「ありがたいことだな」と思えるような側面があるはずです。

だから「感謝できる喜び」の方を見てみてください。すると、悩みが悩みじゃなくなり、人間関係に悩む自分がアホらしくなってきますよ！

contents

ゲッターズ飯田の縁のつかみ方

縁の正体

3章 縁のつかみ方 ～人づきあいの新習慣～

※この本の内容は、ゲッターズ飯田氏の経験に基づく考え方をまとめたものです。
この本で紹介している内容は科学的裏づけがされているものではありません。

［装丁］　新上ヒロシ（ナルティス）
［デザイン］原口恵理／上野友美（ナルティス）
［イラスト］オカヤイヅミ
［校正］　ぷれす
［編集］　鈴木久子（KWC）
高橋和記（朝日新聞出版）

人間関係の

1章

固定観念を外せ！

人づきあいが苦手で、自信をなくしている人は、
「固定観念」に縛られていることが多いようです。
まずは、あなたを不自由にしている
鎖をほどきましょう。

なくなっていい縁もある!

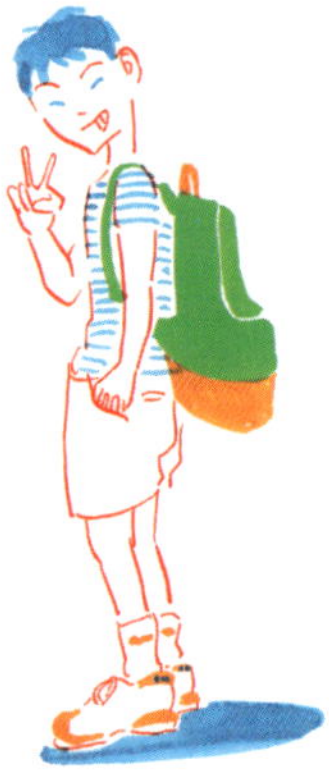

1章では、よくある縁の悩みを紹介しますが、「それ、悩む必要ないよ!」と思えることがあるので、まずは、そこに気づいてください。

占いイベントでの出来事です。

ある小学生を占ったら、「学生時代の友達とまったく縁がない」と出ました。すると、その子がニヤッと笑いました。

「この子、学校に行かなくなっちゃって、ほぼ家にいるんです。不登校なんです……」

一緒に来ていた母親が話し出しました。

「あぁ、大丈夫。キミは小・中・高校の友達とは一人もつながらないから、気にしなくていいよ」

子どもの目がパッと輝き出します。

「キミ、社会に出てから伸びるから、いまの友達とか無視していいから。死んだと思っていいから」

そう言うと、母親も驚きの表情に。

「友達とか大事にしなくていいんですか!?」

そう聞かれて、

「いま周りにいる友達は、大事にしなくていい。自分のやりたいことを大事にした方がいい」

と言ったら、その子は一気に元気になって、晴れやかな顔で帰って行きました。

固定観念に縛られているだけなんです。

占いがそれを外して、ムダなものをそぎ落としたら、その子の悩みは一瞬で消えました。

生きたいように生きればいいんです。合わない人とは合わないし、合う人は絶対にいますから。

ムリに縁をつくる必要はない!

固定観念を外せ!

02

「縁が切れて幸せ」と思え!

こんな悩みもありました。

「40歳過ぎてリストラされたんです」

暗い顔でそう言うので、僕はこう答えました。

「よかったですね。その会社との縁が切れたんですね。これで世界中のどの会社にも入れる権利をあなたは持っている。僕は占いしかできないし、占いに縛られているから、うらやましいですよ!」

悪い面を見るか、よい面を見るかのいい例です。どこを見るかで感じ方は大きく変わってきます。

「あなたは今、何にも縛られていないですもん。こんな自由なことないですよ? 自由を満喫して、もし、食べるのに困るようになったら、『○○専門家です』と、言ったモン勝ちの肩書きを名乗って何か始めたらいいんですよ。そうやって成功している人もたくさんいますよ!」

人生、どこでどうなるかわかりません。せっかく自由な身になったんだから、ダメでもともとの気持ちで何でもやってみたらいいんです。

「人ごとだからそんな風に言えるんだ」

と思うかもしれませんが、これ、真実ですよ。

ダメだと思ったら、ダメなんです。

ダメでもともとと思って跳ね返せばいいのに、「もうダメだ~」で終わってしまう。「いやいや、そこからでしょ」と僕は思います。そこからがスタートだから。どん底まで落ちたらあとは上がるしかないし、もはやチャンスしかないんですから。

ダメだと思えば、人づきあいもどんどんダメになる。つまらなそうな顔をしているから、つまらないことが起きる。楽しそうな顔をしていれば、楽しい縁が自然とできます。

縁は切れても、またできる!

「昔の縁」に縛られない!

生きていれば、「生き方」の違いでその都度、縁も変わっていく。

僕はそもそも、学生時代の縁と、社会に出てからの縁は、質が違うものだと思っています。

大学や専門学校はお金を払って行くところ。義務教育の小・中学校は、本人の意志とは関係なく「行かなくてはいけない」とされるところ。つまり、そこでできる縁は、「受け身の縁」なんです。

社会に出るということは、「お金を稼ぎに行く」ということ。受け身でいられた学生時代から、生きる姿勢を変えなくてはいけません。ここからまた、自分をつくり直すのです。

社会に出たら、**「どう生きるか」**が問われます。

そして、社会で生きるには、人とのつながりは絶対に必要です。なくてはならないものです。

あなたは、どう生きますか?

それを示すことで、自分の生き方に合った縁ができていきます。孤独になるのはいいけれど、孤立したら生きてはいけない。それが社会です。

固定観念を外せ！
04

うまくいかなくても悩まなくていい！

すぐに結果がでなくても、前に進むのが人生だから。

ずっと欲しかった
多肉植物！
期待してなかったから
最高にうれしい!!!
僕は諦めません!!

冒頭で、**「なぜ、あの人とうまくいかないのか？」**という悩みが出ましたが、「うまくいってほしい」と過度な期待をするから悩むんです。

もちろん、少しはよぎることもあるでしょう。けれども、期待が外れたからと言って、落ち込まなくていい。悩まなくていい。「うまくいかなかったなぁ」と思うだけでいい。

子どもに大人気の「アンパンマン」は、作者のやなせたかしさんが50代のときに描き始め、70歳直前にブレイクしたんだそうです。やなせさんが悩んだかどうかはわかりませんが、結果が出なくても、やり続けたから、結果が出せたんです。

悩んで前に進めなくなるくらいなら、最初から**期待しなければいい。**「なぜ、あの人とうまくいかないのか？」などと、いちいち悩まずに、「うまくいかなかったから、次はこうしよう」と、淡々と次の課題にすればいいだけです。

固定観念を外せ!

05

「嫌いな人」は自分

冒頭で挙げた人間関係の代表的な悩みに、**「どうして、あの人のことが嫌いなのか?」**というものがありました。なぜ嫌いなのか……と、自分の中にある原因を掘り下げたがる人もいますが、客観的に見れば、これもあなたが「あの人、なんか嫌い」とか、「イヤだなぁ」と勝手に感じて、勝手に悩んでいるだけ、というふうにも見えます。

以前、恩師にこう教わったことがあります。

「嫌いな人」は、自分だよ、と。

要するに、「嫌い」という感情には、自分が隠れているんです。

名付けて、**「悪口・愚痴は、自分そのもの理論」**です。

どういうことかというと、あなたが他人に対して「イヤだな」と思うことは、じつは自分が気にしていること。つまり、自分もそうした面を持っているから、強く反応してしまうんです。

たとえば、あなたが嫌いな人に、「私の気持ちを全然考えてくれない!」と愚痴を言ったとします。

でも、よく考えてみてください。

その悪口や愚痴は、そのままあなた自身に当てはまりませんか?

自分のことしか考えていないのは、あなたではないですか?

歩み寄ろうとしていないのは、あなたの方ではないですか?

相手に対して「イヤだな」と思うのは、自分の中にもそういうイヤな面があるのに、ちゃんと向き合って直さずに相手にぶつけるから。それが反射して返ってきてしまうのです。嫌いな人の言動

嫌いな人が、あなたの隠れた心を教えてくれる。

に、「自分の中にもある、イヤだなと思う部分」を見ているようで、嫌悪感を抱いてしまうのです。

あの人は、計算高いから嫌い。

↓それは、自分にも計算高い部分があるからです。それはよくないと思いながらも、自分の中からなくすことができていないから、他人にも見つけては反応してしまう。

あの人は、人のことを見下すから嫌い。

↓それは、自分にも人を見下す面があるからです。

　こんなふうに、「文句や愚痴を言いたくなったら、それは自分のことだ」と思ってみてください。初めは抵抗感があると思いますが、次第にそんな自分を認められるようになり、相手の気持ちにも歩み寄れるようになっていきます。

　そして、嫌いな人をなくせば、自分のことも嫌いにならなくて済む。だから僕は嫌いな人がいないんです。

固定観念を外せ!

06

大人の「人見知り」はウソ!

占いで何かアドバイスをすると、よくこのセリフが返ってきます。

「私、人見知りなんです」

またか！　何万回と聞いたこのセリフ。僕に言わせれば、人見知りなんて僕が占っただけでも何万人もいるんだから、世の中ほとんどの人が人見知りなんじゃないの？　そんな気持ちになります。

それに、人見知り、人見知り、と言いながら、人が怖くて家から出られないわけじゃなさそうだし、これまでフツーに生きてこられているんだから、人見知りを言い訳に甘えているだけでは？

そんな心の声を鎮めて、僕はこう言います。

「自分が初対面なら、相手も初対面ですから、条件は一緒ですよ」

そう伝えると、またしてもこんな反応が。

「でも、過去に無視されたことがあって……」

出た！　たった1回か2回の出来事で、「私はダメなんです」って言う人。

「イヤな顔をされたから……」

「昔、いじめられてたことがあって……」

今回の人は、その人とは違う人でしょう？　なぜ、過去のイヤな出来事をいつまでも大事に抱えているのでしょう？

勘のいい読者なら、ここまで読んだだけでわかると思います。

こんなわがままで子どもみたいな大人に、いちいち気を遣わなきゃいけないなんて、イヤですよ。

対等な人間関係を望む優しい人は疲れてしまい、静かに離れていくでしょう。

「人見知り」という言葉を辞書で引いてみてください。

「人見知り」と言えば優しくしてもらえると思うな！

【人見知り】

子どもなどが、知らない人を見て、恥ずかしがったり嫌ったりすること。


もともとは、子どもに対して使う言葉なんです。

だから、大人になって「人見知り」と主張する人は、人見知りではありません。

子どもなだけです。


本物の子どもはかわいいけれど、子どもみたいな大人は、迷惑なだけです。

「できない、できない」と言うだけで、やろうともしていない、子どもよりタチの悪い大人。

これが、人見知りの正体です。


なんだか恥ずかしくなってきませんか。

このままじゃ、迷惑な大人だと思いませんか。

そう思えるなら、直せるはずです。

「コミュニケーション下手な人」の特徴

コミュニケーションが上手な人と、下手な人の違いって何だと思いますか？

では、まず最初に、コミュニケーション下手な人の特徴をお伝えしましょう。

自分のことしか考えていない。

これです。

書店に行けば、「話し方」「コミュニケーションの取り方」などの指南書はたくさんあって、世の中にテクニックはたくさんあふれています。

しかし、いくらテクニックを身に付けても、コミュニケーションの目的がわかっていないと、雑でみっともないアラが出てしまいます。

「あ、この人、自分のことしか考えていないな」

こうした本性があらわになると、人は離れていきます。

つまり、コミュニケーション下手な人には、どこか自分本位なところがあるんです。そして人は、相手のことを考えてくれる人が好きなんです。

もちろん、みんな自分のことがかわいいんですよ。自分が大事です。

でも、この世界は、人とのかかわりで成り立っています。

ギリシャ神話に、ナルシシズムの語源となった有名な「ナルキッソスの話」があります。

ナルキッソスは、水面に映った自分の姿に恋をして、そこから動けなくなり死んでしまいます。

自分しか愛せないようになると、誰からも愛を受け取れずに死んでしまうのです。

この話からもわかるように、人が嫌いでも、自あなたの人生から他人はいなくなりません。

分がかわいくても、人とかかわらずには生きていけないのです。

先ほど、人見知りの話でこう言いました。

「自分が初対面なら、相手も初対面」

同じことです。

人は自分のことが大事。相手だって同じ。

生きるということは、人とのかかわりを持つこと。それは、相手のことを考えること。

自分のことばかり考えるのをやめて、まずはあなたから「相手に与えること」を始めてみてはいかがでしょう。

ここまで読んで、少々厳しく聞こえたかもしれません。しかし悩みとは、捉え方次第では成長の糧《かて》になってくれる、ありがたいものなのです。ですから、悩みを悩みのままで終わらせてはいけません。ありがたいものに変えましょう。

2章では、**「縁の正体」**について、僕が思っていることをお話ししましょう。

縁をつながりやすくするコツ

Vol. 1

好きなものをアピールする

長ネギってすごいんですよ!!
おいしいし!!
薬効もあるし!!

縁をつくりたい！　でも、あまり得意じゃない。そう思う人に、今日からすぐにできる「縁をつながりやすくするコツ」を教えましょう。

「好きなものをアピールする」

これだけです。簡単でしょう？

僕の知人に、『ゲゲゲの鬼太郎』の目玉おやじが好きという女性がいます。実際にいろんな目玉おやじグッズを持っていて、「集めているんです」と見せてくれたので、記憶にバッチリと残ってしまいました。旅先のお土産コーナーなどで「目玉おやじ」グッズを見かけると、その人の顔が思い浮かび、「集めているって言ってたし、買って行ってあげようかな」と、買ってしまうんです。

これって相手の記憶に残るテクニックですよね。僕も「ラジオが好き」とよく言っていたら、それがきっかけでラジオの仕事をいただいたことがありました。どこで引っかかるかわからないので、好きなものはどんどん言った方がいいですよ！

2章

縁って何？

〜他人とどう向き合うか〜

縁は、どのようにつくられていくのでしょう？

縁をつくるには、他人がいなくてはなりません。

「他人」というものを、一度よく考えてみませんか？

「運」からつながった「縁」の話

2章では、これまで5万人以上を占ってきて、僕が「縁」について考えたことを述べながら、「縁とは？」という部分に迫りたいと思います。

ふと、自分にいまある「縁」を思い起こしてみると、あのとき「運」がまわってきて、それに対して真剣に全力で取り組んだから「縁」がつかめたのかなと思うことがあります。

僕自身の「縁」の話をします。

お笑いコンビを解散して、芸人を辞めて、裏方にまわろうと思っていました。漫才のネタを書く作家さんになろうかと。

占いは、芸人時代から趣味としてやっていて、仲間内では「当たる！」と言われていました。

そんなとき、知り合いのプロデューサーさんから、「番組で占いの企画をやるから、手伝ってくれない？」

と言われて、打ち合わせに行ったんです。すると、僕の両隣にたまたま偉い放送作家さんが座りました。

僕はまだ、テレビ業界のことは何も知らない素人でしたが、占いに詳しい元芸人として呼ばれているので、占いをエンターテインメントとして面白がれるような企画にしたいと、全力で考えました。呼んでくれたプロデューサーさんの期待に応えるためにも、意見をどんどん言いました。

「その内容だと占いじゃない。心理学になります」

「占いだと、もっとこうなります」

「こうしたら面白いと思います！」

僕は頭をフル回転させてアイデアを出し、臆せずに率直な意見を言いました。

そして番組がオンエアされ、なんと、その占い企画で視聴率が上がったんです。

全力を出し切ると、次につながる。

しかも、それが3週続きました。

「お前、運がいいな」

そう言われて、気づいたら企画会議に呼ばれるようになり、その偉い二人の放送作家さんの間で、

「飯田、これはどうだ？」

「占いだと、こうです。こうした方が面白いです」

「なるほど、面白いな！」

などと話し合いながら、まだ台本を書いたこともないのに、企画に対して意見を言うアドバイザー的な立場になったんです。

でも、それはたまたま運がよかっただけで、「占い企画」も、そうずっとは続きませんでした。

一瞬、売れっ子放送作家さんたちと肩を並べて仕事ができるという幸運に恵まれましたが、普通のＡＤの人とは順番が逆になっただけで、その後、ＡＤの仕事をみっちりやることとなりました。

ただ、これがのちの縁を呼び込むことにつながったんです。

縁ができるとき 02

面白かったから「縁」はつながった！

前ページの話の続きです。

「お前、面白いな！」

とある番組の「占い企画」の打ち合わせに呼ばれたあと、たまたま隣に座った偉い放送作家さんが、僕にそう言ってくれました。

ところが、それだけで終わらなかったのです。

とあるラジオのプロデューサーさんに、

「面白いヤツがいる」

と、僕のことを紹介してくれたのです。

その方がまた、ラジオ局の携帯電話サイトを作っている会社に僕を紹介してくれて、そこで占い企画を始めることとなり、毎月の継続的な仕事ができるようになりました。

先ほどのテレビ局でも、お世話になったプロデューサーさんが毎月仕事をくれて、おかげで僕は、アルバイトを辞めることができました。

今思えば、テレビの占い企画のためにたまたま

「また会いたい」と思う面白い人に、自分がなればいい。

呼ばれたあのとき、縁がつながっていなければ、僕はごはんが食べられるようにはならなかった。

あの偉い放送作家さんが、

「面白いな、こいつ」

と思ってくれなかったら、今の僕はいない。

たまたまの「運」から「縁」が生まれて、その縁がつながって、今僕はその人たちに「恩」を返そうと思っています。


なぜ、あのとき運が縁につながったのか？

それは……。

「面白かったから」

それが一番の理由かなと、僕は思います。

面白いと、縁はどんどんつながっていく。


一期一会の中で、また会いたいなと思う人って、どんな人ですか？

たぶん、面白いヤツなんだと思うんです。

縁ができるとき 03

ドブさらいだって楽しくできる

面白い昔話があります。

江戸時代か、その辺りの頃、ある悪事を繰り返していた二人の男がいました。

ある日、悪さをしているのが見つかり、罰として「ドブさらい」を命じられました。

「最悪だ！」

一人は、怒りの叫び声を上げながら、悪態をついては、わめき散らしていました。

もう一人も、「最悪だ……」と思いながらも、泣いても怒っても、罰からは逃れられないことを悟り、堪忍して、「もう、やるしかないんだ」と、取りかかりました。

ドブさらいをしている二人から少し離れたところに通りがあり、人の行き交う姿が見えました。

そのとき、堪忍してドブさらいをしていた男は思いました。

「いつまでも怒りにとらわれていたところで、どうにもならないし、つらくなるだけだ。何とかして、ドブさらいを楽しくやる方法はないだろうか」

楽しくやろうと思っても、つらいものはつらい。

そうか、もうバカになるしかない！

すると男は突然、大声で笑い出しました。

「わっはっは！　楽しい、楽しい！　楽しすぎて笑いが止まらない！　わっはっは！」

「何がそんなに楽しいんだい？」

通りがかりの男が声をかけました。

「いや、楽しいって！　これは笑いが止まらない」

すると、気づけば人だかりができているではありませんか！

「何がそんなに楽しいんだい？」

そう聞かれて、男は楽しそうに仕事をする姿をあえて周囲に見せるように振る舞いました。

人はお金を払ってでも楽しいことがやりたいもの！

「ちょっと、おいらにもやらせてみせろよ」

思わず、通りがかりの男が言いました。

「何言ってんだ、ダメに決まってるだろ！　こんな楽しいこと、お前らにやらせるわけないだろ！」

いつの間にか、人だかりがさらに増え、「なんだ？　なんだ？」と、あちらこちらから、ざわつく声が聞こえてきます。

「やらせてよ」

「ダメだよ」

この押し問答が続き、ついに出ました、このひと言が！

「お金を払うから、やらせてください」

なんてことでしょう。つらくてたまらないドブさらいを、お金を払ってやりたい人が出てくるとは！

つまり人は、**楽しそうにしている人のところに、行きたくなる**んです。楽しい笑い声がするところに人は吸い寄せられていくのです。

縁がつながる場所とは？

ドブさらいの話からわかることは、「楽しそうにしていると、縁はつながるんだな」ということです。

これは、僕自身にも思い当たることがあります。

僕は占いをしているとき、心の底から「面白い！楽しい！」って思うんです。

自分とは違うタイプの人が来て、僕には思いつかないようなことを考えていたり、思いも寄らないことで悩んでいたりするのを知ると、新たな事実をつかめたようでうれしい。

内から湧き出るような充実感に満たされます。

逆もあります。僕と似たタイプの人が来て、ここは似ているけど、ここは違うとか。このタイプで、ここだけはこっちの考えを持つってことは、総じてどうなっていくのかとか。分析も面白いし、新たな発見には、心躍るようなワクワク感がある。

占いの結果を伝えると「そうです、そうです」と当たることも面白いし、何より、相手が興味深そうに真剣に聞いてくれ、みるみる元気になって笑顔で帰って行くのを見るのがうれしい。

同じ人を何度占っても、人は成長して変わっていくから、変化がわかって面白い。

こんなふうに、何度会っても人が面白いと思えるから、僕は人づきあいで悩むことがないんです。

また、僕は気持ちを隠さず率直に言うので、面白がっている気持ちが伝わるんだと思います。

「占いって面白いですね」

と、よく言われるし、

「そんなことまでわかるんですね！」

と、これまで占いが好きではなかった人が、占

面白いは伝染する。
つながりは伝播する。

いに興味を持ってくれるようになったりもする。

「面白い」は、人に伝染するんです。

「面白い！」は、「人に伝えたい！」という気持ちになり、自分が面白かったから、笑って幸せを感じられたから、今度は「人を楽しませたい！　誰かを喜ばせたい！」という気持ちにつながっていくんです。このシンプルな感情が縁をつなぐ原点なんでしょうね。

縁がつながる場所とは、**楽しそうにしている人、面白がっている人がいるところ。**

縁がつながる人とは、**楽しめる人、面白がれる人。**

そして、「面白い！」を、「人にも伝えたい、分けてあげたい、一緒に楽しみたい」と思える、優しい人なんでしょうね。

だから「面白い！」って最強なんです。

縁をつなげる強力なエネルギーです。

縁の正体
01

人はみな、それほど違わない

縁について考えるとき、そこには必ず「他人」が存在します。当たり前のことですが、縁ができるには「他人」が必要なんです。

しかし、「他人」は自分と違います。だから、ぶつかる、もめる、思いが通じない……などの問題が生じます。それがストレスとなり、悩みとなり、収まりのつかない感情が暴れ出し、鎮めるには時間がかかったり、我慢して鎮めようとする自分に無力感を覚えたりする。

ここからは、「縁」がもたらす作用について考えながら、「縁の正体」を探ってみます。

以前、空海の本を読みました。

そこで、「生きている人間の差って何ですか？」という問答のようなやりとりが出てくるのですが、「この人と、この人の差って何ですか？」という問いに対して空海は、

「私とあなたは変わらないんですよ。差なんて紙一重なんですよ。人間はつながりの中で生きているから、私があなただったかもしれないし、あなたが私だったかもしれないし、ほんの少し間違えていれば会わなかったし、ほんの少し間違えていれば、この立場はあっという間に逆転するものなんですよ。世ってそういうものなんですよ」

と、答えています。

たしかに、自分には親が2人いて、両親にもそれぞれ親が2人いて……と考えると、2人から4人に増え、4人から8人に増え……と、2倍に増えていき、6代遡れば64人くらいとつながりができます。

「知人の知人の知人……と、6人くらい辿《たど》れば、有名人に辿り着く」という話も聞きますが、あな

他人とのつながりで世界はできている。

がち間違いではないでしょう。

自分のつながりを辿ってみるとわかると思いますが、人はみな、膨大なつながりの中で生きています。

つながりは入り組んでいて、すぐにできては消えていくもの。それを繰り返しているのが人生だと考えれば、**人はさまざまなつながりの中でしか生きられない、**とも言えます。

一人というミクロの視点から、自分の周り～日本～地球というマクロの視点に移し替えてみれば、どんな世界でもつながりで成り立っていることが見えてきます。その視点を持ってみると、人と人との差なんてたいしたことないですよという話にも、うなずけるのではないでしょうか。

縁をつくろう、人とつながろうと考えることも大事ですが、すでにつながっている人たちの中で自分が生きてこられたことを思い出し、まずは今あるつながりに感謝しないといけない。すでにある縁からのつながりを一度、考えてみてください。

縁の正体 02

善人の落とし穴

人間関係が思い通りにいかないとき。

愚かな人は、「相手が悪いんだ」「自分は間違っていないんだ」と証明したくて、相手を悪く言い、自分の正しさを主張してしまう。

この状態に陥ったら、

「『嫌いな人』は、自分だよ」の方程式を思い出しましょう（16ページ参照）。

そしてもう一つ、覚えておいてほしいことがあります。

「人はみな、未熟で不完全で、完璧にはならないもの。それが人間」ということです。

できない人がいるから、できる人が生まれる。

向き合う人が変われば、この立場は簡単に入れ替わり、できる人も、できない人になってしまう。

だから、己ができることを頑張ればいい。

そして、できない人をバカにしたり、見下したりせずに、互いにできる部分で助け合えばいい。

相手に合わせて、その相手に求められる自分となり、互いに助け合う。そうすれば、互いに感謝が生まれ、縁が生まれていきます。

陰陽の図をご存じですか？

円の中心にS字のような蛇行した線が走っていて、片方が白、片方が黒となっていますが、白い面の中には黒い点があり、黒い面の中には白い点があります。

白と黒は、人間の心の表と裏であり、善と悪、完全と不完全と言ってもいいでしょう。

この図は、人間そのものだなと、僕は思います。

人間は完全体ではなく、「白と黒」をどちらも持っていて、その間を揺らぎながら、バランスを取りながら歩いています。そして、どちらかに偏りすぎると、落とし穴に落ちるんです。

善人すぎる生き方をして、白い方にばかり偏っ相手を許していいし、自分も許していい。お互い不完全なのだから。

て進むと、どこかでちょっと魔が差して、黒い点にストンと落ちる。

極悪非道な生き方を貫こうとしても、どこかで罪悪感にさいなまれる瞬間があり、白い点にストンと落ちる。

行きすぎると、落ちる瞬間があるんです。

だから人間は、善を求めて生きるけれど、善ばかりを求め、完全になろうとしすぎてもいけない。「悪い面も持っている」「ダメな面も持っている」「未熟なところがある」と認めることが大事です。人に対しても、自分に対しても。

いいところも、悪いところも、あるのが人間。その両方を認めて、自分の中にある「白と黒」のバランスを取りながら生きていく。

相手の中にある「白と黒」も認めてつきあっていく。そうすれば、他人も自分も、もっと許すことができるのではないでしょうか。

不完全な人間同士の縁ですから、縁にも完全なるかたちはないのかもしれません。

縁の正体

03

人間関係のストレスは、他人

一つ前の本、『ゲッターズ飯田の運の鍛え方』にも書きましたが、僕は人間の持つ欲について研究し、大きく5つに分類しました。

次の5つで、「5欲」と呼んでいます。

- **「自我欲」……自己主張したい欲。自分を認めてもらいたい欲。**
- **「食欲・性欲」……食べ物やセックス、快楽への強い欲、または執着。**
- **「金欲・財欲」……お金や物の価値を、自分の価値と同一化し、高めたいと思う欲。**
- **「権力・支配欲」……人のうえに立ち、コントロールしたい欲。その手腕を認められたい欲。**
- **「創作欲」……モノやアイデアなどを生み出したい欲。その才能を認められたい欲。**

誰もがこの5つの欲を持っていますが、強く持っている欲と、そうでもない欲があり、強く持っている欲が異なる者同士だと、意見が合わなかったり、わかり合えなかったりすることがあります。

たとえば、面倒見がよい反面さみしがりやで、自分を慕ってくれる仲間たちの輪の中にいることで欲望が満たされる「権力・支配欲」の人と、自分の好きな世界に入り込み、深く追求し、極めることで欲望が満たされる「創作欲」の人とでは、求める世界が異なります。

異なる欲望の世界がまったくわからないわけではありませんが、自分の欲を否定されたり、満たすことができない状況に置かれたりすると、ストレスが溜《た》まってきます。

そこで僕は、それぞれの欲を強く持っている人たちが集まる世界に身を投じ、すべての欲の世界

を体験し、「5欲」すべてのタイプの人とつきあうことで、わかり合えない人はいない、という状態にしました。

　なぜそんなことをしたかというと、誰とでも仲よくなれれば、ストレスは消えるからです。

　その結果、人間関係で悩むことがなくなりました。


　けれども、こういう見方もできます。

　占いのデータを集めるうえでは、誰一人同じ人はいないわけで、どんな人でも「面白い」。

　同じ人を何度占っても、人は成長して変わっていくから、変化がわかって「面白い」。

　どんな人に会っても「面白い」と思えれば、人づきあいでストレスを感じることは少なくなります。


　考えてみれば、ストレスは「他人」なんです。

　他人と気が合わない、意見が合わない。

　それは、**その人の持つ「強い欲望」と、自分の持つ「強い欲望」が合っていない**だけのこと。

　まず、その現象に気づけば、ストレスの原因が一つわかり、気持ちが収まると思います。

「それは、自分の欲望を我慢するということ？」

と思うかもしれませんが、そうではありません。人間関係は相対関係だから、押すか引くかです。

「我慢するしかない、ストレスだ」

と捉えるのではなく、

「相手の欲望を叶えてあげよう。そして、その人と仲よくなることから始めよう」

と思えばいいのです。

　どうしても譲れないこともあるとは思いますが、まずは相手の欲望を認めてあげると、相手も少し引いてくれると思います。

　そして、押し引きのバランスを取るように、自分の欲望も伝えていけばいいのです。

5欲をすべて体験すれば、人間関係の悩みは消える。

縁の正体 04

他人には感謝しかない

「人間関係のストレスは、他人」

と言いましたが、その一方で、

「人は、他人とのつながりの中でしか生きていけない」

とも言いました。

まるで禅問答のようです。

ストレスの元凶は他人ですから、ストレスをなくすには、他人をなくさなくてはいけない。

それなのに、人は一人では生きていけないので、他人をなくすことはできない。他人がなくなったら、いずれ自分もなくなる。

言い方を変えれば、**他人はいなくならないから、ストレスもなくならない、**ということです。

「人を大事にしましょう」

と言うと、

「でも、合わない人たちと一緒にいるのは、しんどいんです」

と言われます。

程度はありますが、合わない人とどう楽しむかを試行錯誤せずにラクな方に逃げていては、人間として成長しません。成長しないから、悩みもなくならないのです。結局、自分が悪いのです。

・あなたは一人で生きているわけではない。
・他人がいるから生きていける。
・生きていくうえでは、他人の中に入っていかなくてはいけない。
・他人がいるから社会ができて、会社ができて、便利な世の中になって、他人に助けてもらっていることはたくさんある。
・他人がいることに感謝しなくてはいけない。

イヤな出来事ばかりを見つめず、ありがたいと思えることを探す。

夫婦や家族も、「自分とは違う人」という意味では、他人です。

イヤなことがあると、そればかりに意識が向くため忘れがちですが、産んでくれたのも、育ててくれたのも、友達になってくれたのも、恋人、夫婦になってくれたのも、すべて他人です。

水、食べ物、電気、ガス、家、通信など、ライフラインを整備してくれたのもすべて他人です。音楽、芸術、文学、スポーツ、エンターテインメントといった、これまでに感動や生きる希望、勇気を与えてくれたものも、すべて他人がつくったものです。

どれだけ他人のおかげで生きているかを考えてみてください。

他人がいるから、自分は生きていけるんです。

他人がいるから、今の生活ができているんです。

そう思うと、他人には感謝しかありません。

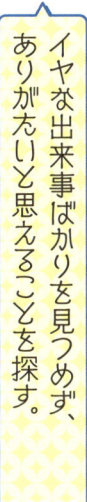

縁の正体
05

ストレスになる人とも縁がある

「人間関係のストレスは、他人」
「異なる欲と欲とのぶつかり合いで、ストレスが生まれる」

　ということは、さらにそれを俯瞰《ふかん》してみると、私たちは、異なる欲を持つ者同士が出会うことを繰り返し、出会う度に何らかのストレスが生じて当たり前の世界で生きています。

　そういう世界で生きていて、この世界の構造は変えられません。だから僕は思うのです。

　もう、人間関係のストレスを悪いものと捉えるのをやめませんか？

　この世のすべては縁で成り立っているのです。だから縁を、よいものとして見て、ありがたいものと捉えて、生きていきませんか？

ストレスになる人との縁はありがたい。自分にないものを教えてくれるから。

「袖《そで》振り合うも多生《たしょう》の縁」と言うように、出会った人はみな、縁がある人です。

いいも悪いもなくて、ただ「縁があるんだなぁ」と思って生きていけばいい。

「縁があるってことは、何かあるのかな？」

と、プラスに考えていけばいい。


ストレスになる人とも、縁があったわけです。

ストレスすらプラスに考えればいいんです。

プラスに捉えて、プラスの想像をしていけば、きっとプラスに転じていきます。

「つらい、イヤだ」と思うか、「縁なんて意味がない」と流して生きるか、「何かいいことにつながるかもしれない」とプラスの想像をするか。

同じ縁でも、捉え方次第で、その先に続く縁のかたちが変わってくるでしょう。


ストレスになる人とも縁があった。

その事実を忘れないでください。

その縁をどうするかは、あなた次第です。

縁の正体
06

人生の「あいうえお」

「人間関係のストレスは、他人」

だけれど、

「他人がいないと、生きてはいけない」

そして、

「人はつながりの中でしか生きていけない」

そう考えると、

「生きるということは、縁をどうつないでいくか」

ということになります。

ここで、「人生のあいうえお」を紹介しましょう。

あ　「愛」があってあなたが生まれ、
い　「意志」があってあなたは行動し、
う　行動した先で「運」に左右され、
え　運がいいから出会えて「縁」が生まれる。

ここまでが「あ、い、う、え」です。

つづきは、こうです。

お　「縁」のありがたさを感じ、「恩」を返す。

「人生のあいうえお」は、人生そのものです。この流れを辿って幸せを感じるようになっています。

しかし「縁」は、「あいうえお」のどれにもかかってきます。

あ　「愛」がないと、「縁」はつながらない。
い　「意志」がないと、「縁」はつながらない。
う　「運」がないと、「縁」はつながらない。
お　「恩」を返さないと、先の「縁」はつながらない。

「あいうえお」の次は、「か」ですが、「か」は、何でしょう。

か　「恩」を返すときに持っていくのは「感謝」の心。

恩を返したいという気持ち、それはすなわち「感謝」です。

そして感謝もまた、縁につながっていきます。

「縁」は、人間が生きていくうえで欠かせないものですが、「感謝」もまた欠かせないものであり、人間そのものです。

なぜなら、**人の満足とは、他人から感謝されることでしか生まれない**からです。

また禅問答のようになりますが、

「他人がいないと、生きてはいけない」

ということは、

「他人が喜んでくれる」

「それを感じて、自分も喜ぶ」

つまり、他人が「幸せだと感じ、感謝する」ことで、「自分も幸せだと感じ、幸せを感じさせてくれた他人に感謝する」という循環で人はつながっているのです。

これが幸せの正体です。

本を読んで、新たな知識を得て、知識欲が満たされてうれしいと、まずは一人で思います。

次に、誰かにそれを教えてあげたり、何かに活用したりして、「ありがとう」と喜んでもらう。このとき僕は一人で感じたうれしさ以上に満たされ、さらに大きな幸せを感じます。そして幸せを感じさせてくれた人に、また感謝したくなるのです。

どんな仕事も、どんなエンターテインメントも、他人に届いて、反応が返ってきて……の循環です。

他人を喜ばせることでビジネスが生まれ、お金は「感謝」がかたちを変えたもの。そういう意味でも、「他人がいるから、生きていける」のです。

幸せを与えてくれるのは、「他人の感謝」。「感謝」があるから、幸せを感じられるのです。

幸せは、他人と自分の間を循環していく。

cake

縁をつながりやすくするコツ

Vol.2

キャラをつくる

実は探偵に憧れてたんだ!
今日からこのキャラで行くね!!

縁をつくるには、まず相手に自分のことを覚えてもらわなくてはいけません。記憶に残らないと、次につながりません。とはいえ、成功者や人気者には人がたくさん寄ってきますから、常に多くの人と会っています。運よく出会いのチャンスがあったとしても、どんどん忘れられてしまいます。

そんなとき、相手の記憶に残るコツとは?

「明確なキャラをつくる」

これです。目立つキャラという意味ではありません。たとえば、漫画のキャラクターって髪型も服装もいつも同じですよね。つまり、繰り返し繰り返し、同じ印象を相手に与え続ければいいんです。いつも帽子をかぶっている、いつもチェックの服を着ているなど、できれば好きなもので印象づけるといい。もしくは会う度に、「気が弱いけど、ツヨシです」みたいなキャッチフレーズを言うのもいい。キャラができると、本人も自分のキャラを楽しみ始め、いじりやすくなるのもいいんです。

3章

縁のつかみ方
〜人づきあいの新習慣〜

「イヤな人」「苦手な人」と思ってしまうのは、
いまの「やり方」が間違っているのかもしれません。
ここでは、縁をつかむ秘訣を伝授します。

幽体離脱のワザを身につける

2章を読んで、他人がいて、縁があったから、いまの自分があると実感できましたか？

とはいえ人間関係の悩みにはまってしまうと、他人との縁を楽しめなくなり、人が怖くなります。たとえば好きな異性に対して、

「恥ずかしい」

「嫌われたくない」

と思うのは、相手を意識しすぎているからで、「緊張してない、してない」と頭で思っていても、自動的に心臓がドキドキしたりします。人に対する感情なんて、自然と湧き出るものですから、そうなってしまったものは仕方がありません。

そこで、ちょっと視点を変えてみてください。

いま、この本を読んでいるあなたのように、第三者の目線で次のシーンを思い描いてください。

とある「人見知り」の女性が、好意を寄せる男性の近くにいます。男性は2～3人の仲間と楽しそうにしゃべっていて盛り上がっています。女性はその輪から外れた場所にいて、話しかけられずにいます。それをあなたは少し高いところから見ています。どうすればいいと思いますか？

「彼女は自分の感情に押しつぶされてしまっている。恥ずかしい気持ちはわかるけど、このままじゃ、どうにもならないよ！」

「ダメもとでいいから、話しかければいいのに」

まあ、見方は人それぞれですが、共通して言えるのは「このままでは好意は伝わりそうにないし、仲よくできそうにもない」ということではないでしょうか。

やってみないと何も始まらない。

行動しなければ先に進めない。

G

自分を他人のように見たとき、そこにはどんな人がいますか？

ごくごく当たり前のことです。

何か一つの感情に支配されると、こんな当たり前のこともわからなくなってしまうんですね。

芸能界で長年活躍している人がよく言います。

「もう一人の自分が、いつも上から眺めている」と。幽体離脱したように、もう一人の自分が上から見ていて、自分と周りの状況を冷静に捉えていると。すると、誰が何をしてほしいのかが見えてきます。

この視点を持つといいですよ。

誰だって、慌てたり、テンパったり、自分のことで精一杯になってしまうことはあります。それはそれで面白い現象ですし、悪いことではありません。

ただ、「人見知り」や「コミュニケーション下手」が強すぎて、人が怖くなってしまうほどなら、すかさず見る角度を変えてみるといい。第三の視点で見ると、気持ちが変わってくるものですよ。

＼縁のつかみ方／
02

初対面を増やす

芸能界ではよく、「初対面が増えるほど、チャンスが増える」と言います。「自分を知ってくれる人が増えれば、仕事が増える」という意味に聞こえるかもしれませんが、それだけではありません。

初対面の人は、これまで気づかなかった自分の魅力を見つけてくれることがあるのです。

お互いにまっさらな状態だからこその、最初で最後のチャンスです。

親や友達から「あなたはこういう人ね」と言われていたり、自分で「私はこうだ」と思い込んでいたとしても、今までにない見方を示してくれるのが初対面の人です。

僕が占いでテレビに出られたのも、それまでとは異なる見方をしてくれた人が現れたからです。

コンビを解散した頃のこと。最初にいた事務所は、「占いができる芸人」という僕をどう使えばいいかがわかりませんでした。「とりあえず、ライブでやってみよう」と、ステージで占いを見せることを模索していました。

その後、別の事務所に行きましたが、僕の使い方はわからないまま。そこでは、「占い」という素材の魅力すらわかってもらえませんでした。俗に言う「はまらなかった」という状態です。

ところが、その次に行った事務所でドカンと来ました！　その事務所では僕の占いがめちゃくちゃウケて、「面白い！」「テレビに出そう」と話がどんどん進んでいきました。会社によって、人によって、こんなにも反応が違ったのです。

もし、はまらない場所にずっといたら、僕はつぶれていたかもしれません。

親から「この子はオタクで」と残念がられ、友達からも「きもい」とバカにされていた子が、テ人生とは、人に会い続ける旅かもしれない……。

レビの世界では、「面白い！」と評価されることも珍しくありません。その番組を見た人から「こんな仕事もお願いしたい」と新たな依頼が舞い込み、世界がどんどん広がっていくこともあります。

たった1回でもはまれば、世界がまったく変わることがあるのです。

もし、努力を続けているのに評価されないという人がいたら、人との巡り合わせが悪いのかもしれません。

努力は続けたまま、もう一つ、**「初対面の人と会う」**という努力を増やしてみませんか。

あなたの魅力をわかる人が、どこにいるかは誰にもわかりません。見つけられるまで人に会い続けるしかないんです。面倒臭いと思ったら終わりです。見つけることを楽しめばいいのです。

初対面の人に会うことは、チャンスが増えること。宝探しみたいに、見つけることを楽しんでください。どこかにきっと、はまる場所はあります。

「好き」になれそうなところを探してみる

初対面の人、好きな人など、慣れていない人と話をするときのテクニックをお教えしましょう。

恋愛でも、仕事でも使える占い師秘伝の方法です。

「この人のことが好きだ！」と思って話してみる。

最初は、ウソでもいいんです。とにかく思い込むのです。男性から女性には、「抱いてやる」「口説いてやる」くらいの勢いで！

女性から男性には、「あなたのことが好きなんです。もっと知りたいんです」と気持ちを込めて。この「心の声」は各自アレンジしてくださいね。

嫌いな人、イヤな人、合わないなぁ〜と思う人に、何かムッとすることを言われても、

「私、この人のこと好き！」

「いやぁ〜、オレ、この人のこと好きだから！」

そう思い込んでみてください。

すると、案外カチンとくるのを防げます。

もし、どうしても好きになれないなら、1箇所でも「好きになれそうなところ」を探してみてください。

人の気持ちって面白いもので、こちらが感情を出すと、**相手もそこに乗っかってくる**んです。

好意を寄せられると、その気持ちに乗せられて、今まで何とも思っていなかった人でもちょっと好意を持ち始めたりします。

基本中の基本のワザですが、万能です。

「好きになる力」を鍛えてください！


「好き」という思い込みには、相手も自分も変える力がある。

人をいじってみる

以前、「ゲッターズ飯田と行くタイツアー」を開催しました。参加者に年の離れたカップルがいました。男性が年上で、女性が娘さんくらいに見える若さ。誰もが、「どういう関係なんだろう？」と思うような二人。

「親子ですか？」

「いえ。ナイショです」

……ナイショ？　正解は、年の離れたご夫婦でした。30歳以上の年の差を明かすのが恥ずかしかったようです。そこで僕はすかさず言いました。

「こんな若い女性に手を出して〜！」

思いっきり二人をいじってみたのです。

初めのうちは周りもふれにくい空気でした。

ご夫婦も、自分たちからは言いにくい。こんなときは、誰かが突破口をつくった方がいいんです。

僕はどんどんいじりました。すると人柄のいいご夫婦で僕にいじられるのを素直に喜んでくれて、次第に周りも、「いじっていいんだ」という空気に変わっていきました。

お笑いのテクニックですが、コツは**相手を肯定したうえでいじる**ことです。相手の恥ずかしい面をいじるときも、共感と愛情を持つことが前提で、最終的に面白い感じに仕上げてあげること。

笑いは人と人との距離を近づける魔法です。いったん相手を肯定する。不思議な人でも変わった人でも、心の奥は自分と変わらない人間だと信じて、違いを面白がる。そして互いに笑い合う。

一度でも笑い合えれば、その瞬間、二人の差異はなくなっているのです。

笑いの力を借りて、壁を壊してみよう。

人の言い訳は許していい！

僕は、「うまくいく／うまくいかない」という概念であまり物事を捉えていないのですが、「不快だなぁ」と思うことはもちろんあります。

たとえば、占いの準備があるのに、生年月日が直前になっても送られてこない。「必要だから送ってください」とお願いすると、相手は、「これこれこういう事情があって、だから送れなくて……」と、なにやら送れなかった理由を言ってくる。

僕は、「あぁ、言い訳しているな」と思います。

でも、言い訳するってことは僕に悪いと思っているわけで、「悪意があったわけじゃない」と一生懸命に言い訳して伝えてくれているとも言えます。

だったら、それでいいんです。

僕がそこで怒ったり、文句を言ったりしても、何もいいことないですから。

その人は、言い訳してずっと苦しさを引きずるかもしれません。でも僕は少しも気にせず、占いで楽しませてあげて、前向きな気持ちになれるアドバイスをしてあげれば、その人の心の状態は、**マイナスからプラスに一気に跳ね上がります。**言い訳して苦しんだ分、上昇率が大きくなるのです。

これで僕は、最初に「不快だなぁ」と思った気持ちを、結果的にプラスに変えられたことになります。マイナス感情からのスタートなだけに、プラスへの振れ幅も大きくなるのです。

言い訳してくれる その奥の優しさに気づけるといい。

縁のつかみ方 06

ソリが合わない人は研究対象

ソリが合わない人は、誰にでもいます。
ある番組で、ものすごく暗い雰囲気のインタビュアーさんが来たので、僕はその人に、「そのテンションって、あえてのワザなんですか？」と率直に聞いたことがありました。普通は明るい雰囲気の人が多いので、真逆な態度に驚いて、つい。ご本人は「え？」という顔をしていましたが、周囲のスタッフは「よくぞ言った」という顔でした。

僕は占いの結果を伝えるときも、相手に気づいてもらった方がよくなると思うことは、はっきりと言います。一方で、

ドョーン
では今回のご本についてですが
じーーっ

「そのやり方で生き残っているってことは、この人には、何かほかにすごい部分があるのかもしれない」と、研究対象にしたくなるんです。**「この人の才能は何なんだ？　魅力は何なんだ？」**と思い、それを見つけるゲームへとシフトチェンジするんです。すると、その人が武器にしているものが見えてくるから面白い。

「何なんだ、その偉そうな態度は！」と腹が立ったなら、そこで相手を打ち負かそうとか、攻撃しようなどとぶつかりにいくと、おかしなことになるんです。腹を立てる感情を、「この人の魅力は何だろう？」という興味へと方向転換すると、俄然面白くなってきます。そこからは、ほめるところを探すゲームです。

腹が立ったら、ひと息ついて感情のギアをチェンジしてみよう。

「じゃない」を使う

萩本欽一さんの教えに、「好き」と「好きなほうじゃない」を使う、という話があります。

僕もそれを実践しています。

好きなものには、「好き」と言う。

嫌いなものには、「好きなほうじゃない」と言う。

つまり、「嫌い」という言葉を使わない。

それだけで人間関係がよくなると、欽ちゃんは言っています。実際にやってみて、その通りだと実感しています。

好みじゃないものと出会ったとき。

「好き…じゃないかなぁ」

「好き…じゃないかもしれないなぁ」

こう言っていると、「好きじゃないかもしれないけど、嫌いでもないなぁ」という気持ちになってきます。「嫌い」という概念をなくせるのです。

「嫌いですか？」と聞かれたら、

「嫌いじゃないですよ」と言う。

これもよく使います。

「好きではないかもしれないけど、嫌いじゃない」

こう言い続けていると、「嫌い」という判断をしなくなります。

なぜ、「嫌い」がダメなのか。

「嫌い」という言葉は、強すぎるのです。

「あいつ嫌いだから」

こう言ってしまうと、ピシッと断裁するかのように、その人を拒否することになります。

すると、それを聞いた第三者も、二人の関係に気を遣うようになります。

「飯田はあいつのこと嫌いだって言っていたから、あいつが来る飲み会には呼ばない方がいいね」

「飯田さんは、あの人のことが嫌いみたいだから、あの人と一緒の仕事はＮＧですね」

壁をつくる言葉、否定する思考を自分の中からなくせ!

こうしてどんどん自分も隔離されていくのです。

「嫌い」って強烈な言葉なんです。

インパクトが強いから、伝播力もあります。

「誰々は、あの人が嫌いらしいよ」

こういう噂話を聞くと、たちまち不安や恐怖が湧き起こる。そんな強すぎる言葉なんです。


先ほど、「笑い」が人との壁を壊すと言いましたが、「嫌い」は逆です。人との間に壁をつくる言葉です。それは第三者の想像の中でも、誰かと誰かの間には壁があるんだと怯えてしまう言葉。

だから、**「嫌い」という言葉を、自分の中からなくせばいい**のです。


そこで「じゃない」を使う。「じゃない」を使うことで、「嫌い」という感覚を自分で打ち消す。

これを積み重ねると精神的にも変わってきます。

「好きじゃない」→「好きじゃないけど、嫌いでもない」→「嫌いじゃないから大丈夫」

簡単に人を否定しない方法です。

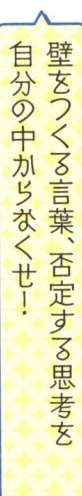

縁のつかみ方
08

「初対面ゲーム」でボーナスポイント

僕がお笑い事務所にいるときに言われました。

「挨拶は先にしなさい。自分が先に言わなかったら、この業界ではもうダメだと思いなさい。クセがついてしまえばラクになるから」と。

コミュニケーションも同じです。

自分から挨拶する。自分から働きかける。

仕事上だけでなく、人と対面したら、

「自分からコミュニケーションを取りに行く」

というクセをつければいいんです。

クセという言葉は、「悪癖」など、好ましくない言動に使われることもあるので、習慣と捉えた方がいいかもしれません。寝る前に歯を磨くように、習慣とは意識せずにできるもの。そこに「つらい・苦しい」といった感覚はありません。

「習慣は第二の天性なり」という慣用句があるように、習慣はいつしか身に染み込んで、生まれついての性質のようになるもの。何でもそうですが、慣れれば苦とは感じなくなります。

そして、自分からコミュニケーションを取りに行くクセがついたら、次のステップです。

「初対面ゲーム」を楽しむことを始めてみましょう。先ほど「初対面を増やす」と書きましたが、これを習慣にしてしまうのです。

僕はよく、初対面の人ばかりがいるような飲み会に参加します。なぜなら、知らない人との出会いの方が、聞いたことのない話が聞けるし、珍しい人にも会えるからです。「面白い人がいるかなぁ？」とワクワクして出かけると、たいてい面白い人がいて、面白い話を聞くことができます。

それもそのはずで、「初めて会う人」から聞く話は、「初めて聞く話」に決まっているから、「こ

出会いにも初回限定のボーナスポイントがある！

れまでにない経験」ができるわけです。

だから、僕にとって**初対面の人というのは、宝の山**みたいなもので、取りに行かなくてはもったいない！

1章で「人見知り」の話をしましたが、初対面の人を怖いものだと構えるか、宝の山と思って自分から取りに行くかで、感じ方は全然違うのです。

僕にとっては、「占いのデータが集まる」という利点もあるのですが、別に占いをしなくても、「新しい経験値が貯まる」と思えば、もらいに行きたくなりませんか？　しかも、初対面は一度きりです。第一印象を聞けるなど「初回限定ボーナスポイントが付く」みたいな楽しさがあります。

ゲームだと思うと、楽しくなれます。ゲームが嫌いなら、コレクションの趣味だと思えばいい。

この人生で、いろいろな「人」のカードを集めている。初対面の人に会うほど「新しいカードが集まる」、集まるほどに「コレクターとしての経験値が上がる」。そう思えば、知らない人にもっともっと会いたくなってくるものです。

「してもらう」ではなく、自分からする

占いイベントに来てくれる人は、前向きな人が多いなと感じます。「何かヒントをつかんで変わろう」と思っている人が多いのですが、一方で、「何とかしてもらいたい」という人もいます。

占いが自分を変えてくれると**期待して**いる。

占いはツールです。今動いた方がいいか、動かない方がいいか、それを見極める道具です。または、向き不向きを知り、その上でどう動いたらいいかの作戦を立てる道具です。

自分から動かないで、「してくれる」のを期待していても、占いは何もしてくれません。

つまり、「自分から動く」が前提です。

人間関係も同じです。期待するから外れたときにガッカリしてしまう。期待しすぎない方がいい。その上で「自分から動く」のです。

縁とは、
行動したあとにできていくもの。

近所に、誰にでも「おはようございます!」と元気に挨拶をするおばちゃんがいます。

挨拶されると、こっちもするようになるもので、僕はいつも挨拶を返します。中には無視して通り過ぎる人もいますが、おばちゃんは気にせず元気に挨拶し続けています。おばちゃんの中では、相手が挨拶してくれるかどうかなんて関係ないのでしょう。自分の中で「人に会ったら挨拶する」と決めているのです。

ここに**「縁の方程式」**が隠されているような気がしませんか。

相手に期待したり、期待通りの反応を待ったりせず、ただただ自分のルールに従って、自分から行動し続ければいい。

自分のルールで生きるしかない。

そこに引っかかった人が、縁のある人です。

縁は、結果論なんです。

縁のつかみ方 10

人間関係を気にしない

人間関係をよくしたいという気持ちや、夢の実現や幸せを求める気持ちは、誰もが持っていて、悩んだり考え続けたりすることです。

その中で、占いや本に助けを求めたり、出会いを求めたりと、積極的に行動しているのに、なかなか幸せにつながらないのは、なぜでしょうか。

それは、あなたに覚悟がないからです。

たとえば、あなたが僕に、「結婚したいから、誰かいい人を紹介して」とお願いしたとします。そして僕が誰かを紹介すると、「タイプじゃなかった」「ノリが合わない」などと断ったとします。婚活シーンではよくある話ですよね？

でも、こういう人は「なかなか結婚できないだろうな」と僕は思います。なぜなら、覚悟を決めて行動していないからです。

覚悟を決めた人は、言ったことを必ず実行します。「結婚する」と言ったら、結婚するんです。

「〜したい」と願っているのに実現しないのは、願ってはいても覚悟を決めていないからでしょう。

仕事や趣味も同じです。「やりたいことがある」と言いながら続かなかったり、不満が出たりするのは、覚悟を決めていないからです。逆に言えば、覚悟ができていないから文句や不満が出るのです。

また、覚悟を決めて行動する人は、同じように覚悟のある他人のことがよくわかります。

一例として、僕の占いは伝える情報量がとても多いのですが、ミュージシャンの方に、「飯田さんがどれだけ実践を積んでいるかがわかる」と言われます。ミュージシャンの演奏も、実践を繰り返し積んでこその実力だから、同じように実践を積んで努力している人はすぐにわかるのだそうです。

ところが、中途半端にしかやっていない人は、覚悟を決めてやっている人の域まで達していない

縁が続かないのは、好きなことを続けていないから。

ので、見える景色が違うんです。同じ域に達すれば、出会えて、わかり合える仲間となれます。

そして、覚悟を決めて、好きなことを続けて前に進んでいると、あるとき必ず壁が来ます。そのときふと周りを見渡すと、同じように努力している仲間が横にいることに気づき、そこでつながり、よき相談相手やライバルとなって、その仲間からパワーを得て一段上に上がれるんです。一段上に上がると景色が変わり、さらに上にいる人が見えるようになり、その域に達したくなる。でもまた次の壁が来ます。そのときまた同じように努力している横の仲間とのつながりができ、仲間のお陰でパワーアップし、また一段上に行ける。

つまり、**人とのつながりは、覚悟を決めて好きなことを続けていれば、自然とできる**んですよね。だから、「人間関係なんて、どうでもいい」と思えるくらいに悩みを振り切って、覚悟を決めて好きなことを続けていればいい。すると、自然と横でつながる仲間、尊敬できる上の人たちと出会い、そこで本当に必要な縁ができてくるのです。

恋愛編 01

好きな人に好かれないのはなぜか

ここからは、「**恋愛**」における縁の話をしましょう。まず、良縁とは恋愛によく使われる言葉ですが、「出会いがない」「縁に恵まれない」と並んでよく言われる悩みが、「好きではない人には好かれるけど、好きな人には好かれない」です。

どうしてそうなるか、わかりますか？

この現象を客観的に見て言えることは、「あなたがまだ、好きな人のレベルに達していないから、その人から相手にされないだけ」ということ。

そして、「いまのあなたは、好きではない方の人と同じレベル」というのが現実なんですが、恐らく本人はその「好きではない方の人」をどこかでバカにしているか、見下しているのでしょう。なぜなら、先の悩みからは、感謝の気持ちが感じられないからです。

好きになってくれる人に、もっと興味を持ってみる。面白がってつながってみる。感謝があれば、そういう気持ちになるものです。

頑張らないと、頑張っている人に会えないのと同じように、恋愛においても、すべての出会いは、自分に見合っています。

逆に言えば、好きな人に好かれないのは、**自分のレベルが低い**ときです。だから、自分のレベルを上げるときが来ているんです。

好きになってくれた人より、レベルを上げたくなっているのかもしれません。

いまはまだ手の届かない好きな人のいる世界に入れるように、魅力を上げる。言葉、行動、心を変える。また、スキルアップしたり、習い事を始めたりと、頑張るときなのかもしれません。

「好きな人に好かれない」と嘆くときは、自分のレベルを上げるとき。

頑張り続けていると、さらに頑張った人に会うようになります。自然と人間関係が変わります。

いま、同じ世界にいる人が好きになれないのなら、自分がレベルを上げてその先の世界に行けば、好みのタイプに会える可能性も高まるでしょう。現状がイヤなら、自分がどこかで上がらないと！

「好みじゃないんです」「タイプじゃないんです」と、努力もしないで、ないものねだりをしている人を魅力的だと思いますか？

好かれる人は、どういう人なのか。

自分に足りないものは何なのか。

周囲の好かれる人たちを見て研究してください。自分のレベルを上げるのと同時に、好かれる人になる努力もしてみてください。

または、好きな人に対して、「私はこんなに好きなのに！」という気持ちを押しつけていませんか？

自分の欲望を満たすことだけに夢中で、相手の気持ちを忘れていませんか？

恋愛編
02

紹介される人になる

好きな人、憧れの人に近づくために自分が努力することは大切ですが、人が力を貸したくなるような人になることも大切です。

「うちで働いている女の子が、飯田さんに会いたいらしいよ」

と、お世話になっている社長さんに、飲みの席で言われました。

「そうなんですか。ありがとうございます。今日誘えばよかったんじゃないですか？」と聞くと、

「いや、誘ったんだけどね。『飲みに行かない？』と言ったら、『いえ、私は結構です。ゲッターズ飯田さんが人にたくさん会った方がいいと言っていて、そしたら飯田さんにつながるそうなので、今日はいろんな人に会ってきまーす』って行っちゃった(笑)。俺、つながってるんだけどなぁ〜って、その子に言わないまま、今日来ました」

と言うんです。

「なんで、そんな意地悪するんですか！」

と笑いましたが、まさに灯台もと暗しで、

「その子は今、飯田さんを求めてどこかに行ってますよ（笑）」

と、その社長さんも笑っていました。

よく見ていれば、社長さんは部屋に僕の『運めくりカレンダー』を飾っているし、気づくチャンスはいくらでもあったそう。その女の子が丁寧に物事を見て生きていないから、些細なところに気が回らなかったのでしょう。気づいてひと言、「あれ？　なんで社長、飯田さんのカレンダー持っているんですか？」と聞いていれば、「知り合いだから」と、社長も答えられたのに……。

おそらくその社長さんには、その子に教えてあ

紹介される人になるのと同時に、自信をもって紹介したい人をつくろう。

げたくない何かがあったのでしょう。「あいつにはまだ早い（笑）」と言ってましたから。

　恋愛もそうですが、すべての人間関係において、「紹介する、紹介される」という行為は、とても重要です。

「紹介」は、信頼関係がないとできないもので、失礼な人、性格の悪い人、態度の悪い人を、大切な人には紹介できないものです。

　逆に、相手を喜ばすことができる、相手のために力になってくれるという信頼があれば、どんどん紹介されるでしょう。信頼が人を呼びます。

「いい人だから、紹介してあげたい」
「困っているようだから、紹介してあげよう」
そう思われる人になることが、縁を呼ぶのです。

　僕が「紹介者しか占いません」と言っているのも、「紹介できるような信頼されている人であってほしいから」という理由もあるのです。

完璧さより、気持ちを込める

若い人を見ていて思うことがあります。
「完璧を目指しすぎているなぁ〜」と。
コミュニケーションを取るのがうまくて、勉強ができて、仕事もできて、ちゃんとしてなきゃいけないと何重にも鎧《よろい》を重ねて着ているような状態。
「できないのは、恥ずかしい」
「かっこ悪いのは、恥ずかしい」
という気持ちが強いのと、あらゆる人の目を気にしすぎている……。

僕は、他人のことはあまり気にしない方だと思います。気遣いはしますが、余計な気は使わない。好かれる人には好かれるし、嫌われる人には嫌われるし、合う人は合うし、合わない人は合わないというのが自然の法則だから。恥ずかしい気持ちは捨てていいんですよ。

得意なこと、好きなものを持っていれば、「できません」「知らなかった」と正直に言えば、できる人が助けてくれるし、知っている人が教えてくれます。「できる風」にしているから、同じように虚勢を張っている人との人間関係ができていくんです。ダメなところを許してくれる人間関係をつくった方がよっぽどいい。

僕は、ブログに誤字脱字が多いのですが、基本的に一発で書いているので、伝わればいい。

実際に、読者のみんなは優しいから、ちゃんと伝わっているし、僕も安心して間違えられます。

体裁より気持ちを込めることが大事で、そこを押さえていれば、余計なことは気にしなくていい。

好きな人と縁をつなぐための、恋愛テクニックはいくらでもあります。でも、小手先のテクニックより大事なのは、気持ちを込めること。
「嫌われるのが怖い」とネガティブな妄想をして

“気持ちを込める”ことが、一番の恋愛テクニックかも。

いないで、**相手の喜ぶことをしよう**と思っていればいいんです。その方が伝わります。

以前、僕の占いで相性が最悪と出ているのに、それを覆したご夫婦がいました。

最悪な相性をひっくり返すほどの愛情があれば、その気持ちが伝われば、好きになりますよね。

僕の相性占いで言うなら、同じ価値観を持っている人は、似たもの同士で相性がいい。

一方で、異なる価値観の持ち主でも、お互いの足りないところを補い合うように、歯車がカチッとはまるような好相性もある。

そして、価値観が真逆でまったく合わない組み合わせもあります。しかし、この真逆の価値観を持つ人とつきあうと、人間的には一番成長します。自分に一番欠けているところを、相手が求めてくる相性だから、苦痛を感じますが、そこを乗り越えたら怖いモンなしです。

愛情と覚悟があれば、乗り越えられるんですよ。

「居心地がいい」のは危険サイン!?

男女の相性で、「居心地がいいのが、相性のいい人」と言いますが、馴れ合っているだけで、相性が悪いのに惰性でつながっている人もいます。

僕はよくアドバイスするのですが、3年以上つきあっていて、彼女でも彼氏でも、どちらか一方は結婚したいのに、まだ結婚に至っていないとしたら、それはもう相性が悪い！

「責任を持つ気がないんでしょ？」ということですから、結婚したいと思っているなら、その人とはサッサと別れて、次を探した方がいい。

「長く一緒にいられることが大事で、結婚というかたちにはこだわらない」なんて言いますが、それ、違いますよ。テイのいい言い訳です。

別れると「次が面倒臭い」と、怠けているだけですよ。「恋愛のスイッチを入れるのが、面倒臭い」「相手のためにいろいろしなくちゃいけないのが面倒臭い」という怠け心が隠れています。本人が気づいているかはわかりませんが……。

だから、「居心地がいい」とか「寂しいから」で、つながっていてはダメです。

これは友人関係も同じで、寂しいからと**ラクな人を求めているだけでは、人間は成長しない**んです。

自分が成長し始めて、輝き出したら、周りはほうっておきませんから。自然と声がかかります。光に集まるムシと同じで、魅力的な人のところに人は集まってくるものです。輝いていれば気づかれますから、輝ける人になる努力をしてください。

「ラクだから…」は自分に都合がいいだけですよ。

結婚したいのに、1年が過ぎても二人の関係に進捗がないとしたら、いくら居心地がよくても、そこにとどまっていない方がいい。この先は、ますます停滞していくだけです。

結婚したい意志があるなら、1年……長くても2年で決まります。判断基準にしてみてください。

または、恋愛に限らず、現状に不満があるなら、いまある縁を「リセット」してもいいんです。縁を切るのではなく、1回リセットして、もう1回つくり直せば、つながるところはつながりますから。

すべての縁を握っていたら、次の縁をつかめません。だから1回手放した方がいい。あらゆる縁を両手一杯に握っている人がいますからね。

荷物がごちゃごちゃ多いと、大事なものが見えなくなるんです。きれいに掃除すれば、本当に大切な人がわかってきます。

「好き」より大切な気持ち

「好き」という気持ちは大切ですが、「好きじゃなくても恋は始まるよ」と、僕は言っています。「好き」より大切な気持ちって、何だかわかりますか？

「この人を幸せにしたい」という気持ちです。

「好き」というのは、「この人は自分を幸せにしてくれるはず」という期待がどこかに含まれた感情です。エゴや欲望が入っているんです。

「この人を幸せにしたい」は、「好き」とはまた違った感情です。

自分の欲望より、相手の幸せを常にかなえてあげたい、ということですから、自己犠牲が一つ入っているんですよね。自分の欲望より相手の欲望を優先しているから。自分が一番じゃないんです。

一般的には、男性が女性を幸せにする、というイメージがありますが、「この人を幸せにしたい」という気持ちは、お互いに持っていた方がいい。女性でも、この気持ちを持っているかいないかで、そのカップルの相性は大きく変わってきます。

いつまでもサンタクロースが来るのを待っていてはいけません。

寝て待っていればプレゼントが届いて幸せになれるなんて、子どものときだけです。

大人になったら、自分がサンタクロースになる喜びを覚えないと！

いくら外見を磨いても、才能を磨いても、「人を喜ばせる喜び」を身に付けなければ、恋愛の本

自分が犠牲になってでも幸せにしたいと思える相手ですか？

当の喜びは味わえません。

一方的にもらい続けるのが幸せだと思っていると、恋愛においても成長できません。

本当は、もらえばもらうほど、重荷になって動けなくなります。人って、与え続ける方が幸せを感じやすいんです。カップルですから、お互いに「与える」ことのバランスが取れているといいですね。一方が重くなりすぎないように。

好きな人ができたとき、「この人が好き。相手からも好かれたい」と思うだけでなく、「この人を幸せにしたい」と思うかどうか、心に問いかけてみてください。

「心の奥で、相手に見返りを求めていませんか？」

「相手への無償の愛がありますか？」と。

ちなみに僕は、「この人を幸せにしたい」と思った人と結婚したので、いまとても幸せです。

縁をつながりやすくするコツ

Vol.3 恋愛編

恋愛に効くキラーワード

恋愛は、人間関係の中でも密度の濃い関係です。だからこそ、心の本質をつかみに行きましょう。

人の心の本質とは、誰でも根底に「自分のことをわかってほしい」という気持ちを持っているということ。その人の「わかってほしい」ところを見つけて、認めてあげることが大切です。

たとえば、その人のコンプレックスと思われる部分を先にサラリと指摘し、その後で「でも、私は好きですよ」と、その部分を認めるのです。または、「それって魅力ですよ」とほめてください。

というのも、人はコンプレックスを気にしているので、そこに理解を示してもらえるとうれしくなるのです。さらにもうひとつ。少し話をしたら、「私たち、相性いいですよね!」と言ってみましょう。そして相手に同意を求めてみてください。「相性がいいと思う＝あなたを認めているし、受け入れているよ」と伝わりますから、相手は安心して、心を開いてくれると思いますよ!

4章

縁の深め方

～縁をつなぐもの～

できても離れ、またつながり……と、
縁はかたちを変えていきます。
この先、欲しい縁をつくるために大切なこととは、
何でしょう？

悩みは武器になる！

最後の4章では、さらに縁を深めて、つなげていくために、何が必要かをお伝えします。

以前、イベントに来てくれた人から、こんな相談を受けました。

「私、声が小さいんです」

小さな声でそう言われて、僕は答えました。

「いいんじゃない？　声が小さいと『え？』と相手が接近するから、胸元が開いた服でも着ているといいよ。胸が見えそうになって、恋が始まるかもしれないよ」

「いえいえ、そんなことできないです……」

「いやいや、声が小さいってことは、相手はあなたに自然と近づけるでしょ？　パーソナルエリアが一気に近づくから、恋のパターンとしては有効だよ。テクニックとしたらすごくいいよ！」

「いえ、テクニックとか、そういうことじゃなくて……」

お互いに、「いやいや」「いえいえ」と言い合って大笑いしましたが、これ、本当に有効なんです。

また別の日、仕事で会ったライターさんから、「悩みがあって……」と言われました。

「やる気が全然起きなくて仕事をしたくない」と。

「え？　じゃあ何をしたいんですか？」

と聞いたら、「ずっと寝ていたい」と。

「深夜12時に寝て、朝5時半に目が覚めて、10分くらい起きて二度寝して。結局、朝10時半まで寝ている」

と言うので、僕はこう言いました。

「え？　寝られるって、すごいことですよ！　今、睡眠障害で寝られない人がたくさんいるから、睡眠薬を飲んで寝ている人だって大勢いるから、その部屋、相当寝心地がいいってことなんじゃない

これだけ
ネガティブなのは
むしろ才能よ
そうよね
自虐ネタで
ブレイクも
ありえるわね
うふふ
うふふ
うふ

G

もはや大喜利だと思って「ネガポジ変換」してみては?

ですか？　その部屋づくりを紹介したらいいですよ。『10時間も寝られる部屋です』って。パジャマ、寝具、どんなパターンだと寝られるのかを書いた方がいいですよ」

「この枕は寝られる、この枕は寝られない、って選別すれば、枕メーカーさん、布団メーカーさん、パジャマのメーカーさんと協賛が3つも付いて、ビジネスになりますよ」

そうアドバイスしたら、

「今までいろんな人に寝すぎで怒られていたのに、ほめられたのは初めてです」

「寝すぎをほめられるって、あるんですね」

と、笑われました。

僕は、**どんな悩みでも、いったんポジティブに変換して**考えてみます。

これもクセや習慣みたいなものです。

「ポジティブ変換してみたらどうなるかな？」と、自分が面白がってやっているのですが、本当に楽しくなってくるから不思議です。

不幸を笑いにもっていく

「飯田さんは、どんなことでもポジティブに変換しますね」

よくそう言われますが、とらわれていることから少し離れると、気持ちってすぐに変わるんです。

たとえば、「会社を辞めたい」。この悩みは毎年春先に増えます。話を聞いてみて、「会社の人が嫌い」とか、「会社の人間関係がつらい」というのが辞めたい理由の場合、僕はこう返します。

「辞めるなら、その嫌いな人を一発殴ってきて！」

「もう関係も切れるんだし、殴ってから辞めた方が、あなたと同じようにその人を嫌っている人たちみんなが喜ぶよ！　みんなのためにもほら！」

と。周りも悪ノリして「そうだ、そうだ！」とはやしたてます。

もちろん、「イヤです」と言われるので、

「あ、まだ会社に残ろうとしているでしょ！」

と、ニヤッとしながら言うんです。

殴るというのは極端ですが、不満をどうにか改善しようとせずに逃げているから、こういう人は辞めてもまた同じことを繰り返します。

嫌いな人と腹を割って話してから辞めるとか、自分がつらく感じたことを伝えてから辞めるなどの行動をした方が、残された同僚たちのためにもなります。**本当はつらいことから逃げちゃダメ**なんです。ただ、こういうことを正面から言っても説教臭くなるので、僕は笑いにもっていきます。気づいてもらえるといいのですが……。

「死にたい……」

こう言う女性にも、こう返すんです。

「だったら、彼女のいない男性に、おっぱい触らせてあげてから死んで！」

みんなビックリして、「イヤです」と言いますが、「だって死ぬんでしょ？　だったらいいじゃな

つらさを笑い飛ばして
楽しく生きないと！

い。死んだら恥ずかしくもなくなるでしょ？」と。

文章にすると笑いのニュアンスが伝わりませんが、決してセクハラをしているわけではなくて、こう言うとみんな「え？」と驚きつつ笑うんです。笑って「イヤです！」と食いかかってきます。

この反応が出たら、しめたもの！

「ほら、イヤがるってことは、生きようとしてるじゃない！」

そう笑って言えるんです。

反発してくるってことは、本心では「辞めたい」「死にたい」なんて思っていないんです。

「生きたい！」って感情が湧き出ちゃっている瞬間を捉えて、そこをちょっといじってあげて、

「ほら！　笑えるってことは、そこには面白さが隠れているってこと。人生一回切りなんだから、楽しく生きないと！」

と、ちょっと気持ちを変えてあげるんです。

相手が笑ってしまうような切り返しを、僕は日々考えてストックしているんですよ。

「会いたい人」になればいい

「また会いたい」と思われる人になりたい。

その一方で、

「また会いたい」と思える人に出会いたい。

どうすれば、そうなれるのか。

僕の場合は、「また会いたい人」は、「面白い人」。

だから、自分もそうあろうと思っています。

あるいは、「悪口・愚痴は、自分そのもの理論」と同じで、「会いたい人そのもの」に、自分がなってしまえばいいんです。

この前会った人も変わった人でした。

「海外に縁がありますよ」

と言ったら、

「なんでわかるんですか？　海外にはめちゃくちゃよく行きます」

と言うので詳しく聞いてみると、戦地に行ったり、マフィアに会いに行ったりと、危険な場所にばかり行っている。「見たい、知りたい」という好奇心と衝動で突き進んでいる人で、危険なことに足を突っ込んでいる友達が世界中にたくさんいる。ちなみにその人は、酒もタバコもやりません。

こういう人の話はとてつもなく面白い。知らない世界の話が聞ける上に、好奇心と衝動と行動力でこんな世界に行けるんだと勉強になります。

僕も先日、初対面の人に、

「焼き肉屋をやってるんです。今度来てください」

と名刺を渡されて、

「じゃあ、今度行きますね」

と挨拶して、本当に行ったんです。

「えぇー！　本当に来るんですね！」

と、驚かれましたが、

「来てくださいって言ったでしょ！」

と、社交辞令かもしれない挨拶を真に受けると

つながりたい人がいるなら、
自分がそういう人になればいい。

いう笑いを提供しています。

そもそも僕が占いを面白いと思い始めたとき、

「飲み屋で占ってくれる占い師さんがいたらいいな。飲みながら、もっとくだけた話がしたい」

と思ったことがあり、

「それなら、自分がなればいいじゃん」

と気づいて、今に至ります。

僕にも、知らないところに飛び込んでみたい好奇心があるんです。

面白い人に出会えるかもしれない。

面白いことがあるかもしれない。

こういう価値観を同じように「面白い」と感じてくれる人と、結局はつながるんだと思います。

きっかけは、周りがくれるものではないんです。

自分の好奇心、自分がそれにどう反応して動くか。

それに対して周りがどう反応し、それに対して自分がどう動くか。その繰り返しです。

人ってわずかな反応で心が変わり、行動が変わります。わずかな反応で世界って変わるんです。

わずかなことなんです。

相手を主人公にする

「人とつながりたい」

そうは思っていても、代わり映えのしない日々の中で、新しく人とつながる機会というものは、そう簡単には訪れません。

あるとき、「出会いだ！」と思うような出来事があったとして、自分からコミュニケーションを取りに行ってもそれほど話が盛り上がらなかった、話が続かなかった、次につながらなかったなど、意識すればするほど、「人とつながる」って意外と難しいと感じるかもしれません。

僕が見ていて思うのは、会話を楽しもうとしているのはわかるのですが、どこかで相手に「認められよう」とする人が多すぎるってこと！「ほめられたい」「認められたい」という人が多すぎるんです。

こういうときには、僕がよく言っている**「逆張りの理論」**が力を発揮します。

「ほめられたい」「認められたい」という人が多すぎるのだから、「ほめる側」「認める側」になればいい。

市場の原理からすれば、求められているのはそっちです。いまの時代は、**「ほめる側」「認める側」の売り手市場**なんです。

いまの時代だけではないかもしれません。

というのも、占いは、相手の個性を分析して、「あなたは、こういうタイプだから、ここが魅力ですよ。そして、こんなことに向いていますよ」と言うもの。それが占いの一般的な手法ですが、聞いた人は、「私の個性が認められた！ しかも、もっと魅力的になれるんだ！」と思えて、気持ちがラクになるんです。コツは、相手を主人公にして話すこと。占いも「主人公はお客さん」です。その

G

自分の話をしたくなったら、いったんこらえてみて！

構造を真似してみてください。

人間は誰もがみな、自分を認めてほしいと、どこかで思っています。

どう生きていけばいいか、何のために生きるのか、誰も教えてくれないし、答えを探し続けているからこそ、認めてほしいのです。

そう考えると、占いを使えば誰とでも仲よくなれます。いや、使わなくても、仲よくなれます。

占い師になったつもりで、

「あなたは、こんなところがすごいと思う」

「あなたには、こういう魅力があると思う」

そう言ってみてください。

もちろん、ただ単に言えばいいってものじゃありません。相手のすごいところ、素敵なところ、魅力的なところを真剣に見つけるということです。

すごいところ、素敵なところ、魅力的なところを見つけながら、日々を生きてみてください。

性格が悪くても縁はつながる

こんな話もあります。

仕事がきつくて死にそうなのに、会社の経営陣は、働き過ぎの現場を見て見ぬ振りをしていると言って、会社を恨んでいる人がいました。

「こんな会社、ブラック企業だと訴えられた方がいい。僕が働き過ぎで体を壊すか、過労死するかして、会社が訴えられるようにしてやる」

何とかこの悲惨な実情を暴き、会社を困らせたくて、その人は体が壊れるほど働きました。

気づいたら、課長になって、部長になって、スピード出世で役員になっていたと。いつの間にか、仕事ができる人間になっていたのです。

似たような話で、離婚を考えていた男性がいました。日々ケンカが絶えず、どちらがゴミ出しするかでもめるほど。嫌気が限界に達して、

「妻に言われる前に、俺がゴミ出しすることにしよう。その後、離婚すれば、家はゴミだらけになる。ざまあみろ！」

と考え、ゴミの日は黙ってゴミ出しをし続けた。

「そろそろ妻は、俺がゴミ出しするのを当たり前だと思っているな。これで離婚すれば、きっと妻は困るだろう」

そう思った矢先、妻からこんなひと言が！

「いつもゴミを捨ててくれてありがとう。本当に助かっている。感謝してるよ」

ゴミを捨てる習慣を失くさせてから離婚して、困らせようとしたのに……。

そのとき男性は「変わらなくてはいけなかったのは自分の方だった」と気が付いたそうです。

最初にこの話を聞いたとき、僕は思わず、

「何なんだ、その性格の悪さは！」

と笑ってしまいましたが、悪意から始まったこ

相手は自分の鏡だから、自分が変われば、相手も変わる。

とでも、良い結果に転じることがある。

これはどういうことなのか。

きっと、だんなさんのゴミ出しする姿には、何か胸打たれるものがあったのでしょう。自分の主張を通すばかりだった奥さんが、だんなさんの変化で、雪解けのように気持ちが変わっていった。

そこで、だんなさんの変化を善意で受け止め、素直に感謝できる奥さんだったからこそ、二人の仲が戻ったとも言えるでしょう。

離婚を考えていたときの二人は、「自分は正しい。相手が悪い」という思いにとらわれていた。

悪意からとはいえ、自分が「変わる」ことで、相手も「変わった」。

縁は一人でつくるものではないんです。誰かとの反応によってできるのが縁です。

ですから、どちらかが「変わる」ことで、縁のかたちも「変わる」のかもしれません。

自分が発する光の色が変われば、相手の反応も変わってくる。行き詰まったら、自分の輝き方をちょっと変えてみるといいのかもしれません。

「素」に戻る

自分が発する光の色が変われば、相手の反応も変わってくる。

前述の「夫の変化で妻も変わった」という話では、夫婦がお互いの変化を素直に受け入れたから、再び通じ合えるという化学反応が起きました。

2人の中にあった「自分は正しい」という頑なな思いが消えたから、相手の思いが素直に染み込んだ。素直な人は、相手から優しい光を受けたら、素直に自分の中に浸透させ、それと同じように優しい反応を返します。素直さがあれば、自分を変えられるので、縁のかたちも変わっていくのです。

考えてみれば私たちには、自分の「素」に見合った相手が寄ってきて、そこで縁ができていきます。

つまり、縁はもうすでにできています。

いまある縁が、あなたの「素」が引き寄せた縁なのです。いま縁のある人の「素」と、あなたの「素」は同じような質だということです。

素直に生きた方がいいと言うと、「怒り、不満」の感情を我慢せずにそのまま出すことだと勘違いする人がいますが、それは素直ではありません。

人間に湧き出るすべての感情をそのまま出すのは、子どもです。僕は、大人がそれをしていたら、みっともない生き方だと思います。

素直とは、「素」に「直る」です。

人間の「素」の姿に直ること。

では、「人間の素」とは何か、わかりますか？

「素（す）」とは、ありのままということ。

「素(そ)」は、染めてない絹、白絹を示すともあり、素材、生地そのもの。

そこに「直」がつくので、人間そのものに直る、という意味になります。人間そのものとは何か、

人間の「素」の状態には、怒り、不満、執着などない。

考えてみてください。

人間は、他人とかかわりながら生きていく生き物です。そのことを思い出せば、「怒り、不満」といった感情をなくして、まっさらな素地の状態で相手を受け入れることが、人間そのものの素直な姿ではないかと思います。

「怒り、不満」は、もともとの「素」にはなかったはず。それらを取っ払って、**何にも染まっていない状態で、相手をそのまま認める**のです。違う価値観なら〝違う価値観〟として。

もしも怒りが湧いたなら、怒りをぶつけるのではなく、誰が悪いなどとジャッジするのではなく、「怒る自分を教えてくれて、ありがとう」と思えるはずです。怒る自分を知ったら、「怒り」を手放して、また「素」に戻ればいいのです。

怒るということは、何かに執着しているんです。執着して我が硬くなり歪んでいる状態です。そういう人はそういう人と縁ができていきます。

「素直」になって、すぐに「素」に戻っていけば、同じように「素直」な人との縁ができていきます。

幸せをつかんだ人が体験していること

幸せをつかんだ人、また、成功者と言われる人の多くは、「極貧、苦労、大失恋、病気」を体験しているそうです。

ところで、日本には不思議な言葉があります。「貧乏神」「疫病神」という神様の名前です。

なぜ日本人は、貧乏や病気を神様としたのか。

それは、「貧乏や病気という状況があったからこそ、成功できたんだよ」と考えたからですよね。

貧乏や病気が自分のところに来たということは、神様が付いたと考えたのです。

「あぁ、俺がいま貧乏だということは、貧乏の神様が付いてくれたのだ。神様が付いているから、この先絶対によくなるんだ」

そう考えて、神様に感謝したのです。

なんというポジティブな精神！

すごい民族だと思いませんか！

昔の日本人は、これほどまでにポジティブな精神を持っていて、僕らはそのご先祖様の遺伝子を継いでいるのだから、ポジティブに生きなくてはいけないのです。

いまの世の中は、「正しくあらねばいけない」「完璧でなくてはいけない」という空気が蔓延していて、自分の正しさ、完璧さを示すために、相手を叩き、攻撃するという、いじめの構図が生まれやすくなっています。

また、弱い者いじめをして、自分を高く見せようとする人も見受けられます。それでは常に他人との比較でしか自分を保てないわけで、その価値観を持っていては、自分もさらに上の人に比較されてへこむだけでしょう。自分の軸がないので、

G
不幸があるから幸せがわかる。
苦しみを幸せの兆しと見る精神を！

打たれ弱くなってしまうのです。

しかし本来、日本人に根付く精神は、もっとポジティブであるはずなんです。

「いま、つらくて苦しいから、もうすぐ幸せが手に入るんだ」

「これは成功のルートに乗ったということなんだ。成功の兆しなんだ」

この精神を持ってほしい。

貧乏になるとお金のありがたみがわかります。病気になると健康のありがたみがわかります。つらいことがあると、大事なものが見えてきます。

そして感謝の心が生まれ、「人の痛み」がわかる優しい人間になれます。

「不幸や不運のときこそ、学べることがたくさんある幸せ」

これは、強がりのポジティブ精神ではなく、人生の真実です。

縁の深め方

08

人生は他人次第

縁をつなげない人や、成功しない人には、「無駄なプライドを持っている」という特徴があります。仕事で「これしかやりたくない」とか、飲食店で「この味しか出したくない」などと、つまらないことにこだわっている印象があります。

近所のそば屋さんに教えられたことがあります。そこは、そば屋なのに、ものすごい種類の定食をやっているんです。とんかつ定食、牡蛎《かき》フライ定食、そば屋なのにラーメンもあるほど。

ある日、サラリーマンがそのメニューを見て、

「プライドねぇな〜、この店は！」

と言っていました。

違います。逆です。プライドがあるんです。「飲食店で食っていく」というプライドがあるってことが、なぜわからないのでしょう。

つぶれる店の理由はそこです。たとえば、客が入らずに厳しい経営状況の飲食店があったとします。客に「カレーが食べたい」と言われて、「うちはこだわってるんで、この味しか出せません」と断るより、メニューにないカレーを出す方がプライドを感じます。求められてもいない無駄なこだわりはいらないんです。芸能界でもありますが、「そういう仕事はやりたくありません」という態度は、無駄なプライドなんです。苦しむ人の原因はそこなんですよ。

僕が、世間的に認められるようになったのは35歳からです。ただ、それ以前も、結果が出なくても楽しくやることをやめなかったし、芸人を辞めても、「人を喜ばせて、楽しませて生きていく」ということにプライドを持ってやってきました。

一度だけ、それを忘れかけたことがありました。

「なんか面白いことないかなぁ」と、不意につぶやいたんです。これまで一度も言わなかったことを口走った自分にハッとしました。面白いことを発信したくて上京したのに、「なにを人に望んでるんだ！」と。その反省もあって頭を丸めたんです。

芸能界は、誰もが主役になりたくて入ってくるところです。でも、全員が主役になれるわけではありません。あるとき気づくんです。「俺、主役じゃねぇな」と。でも、「人を楽しませたい」というプライドがある人は、主役にこだわらずに輝き始めます。二番手、三番手でも、自分が輝ける場所で、独自の輝きを放つから売れるんです。

主役にはこだわってはいないけれど、自分の人生を輝かせることにはこだわっている。

僕だって、「しゃべって何か伝えて、人を喜ばせること」にこだわっています。そう覚悟を決めた自分の人生にはこだわって生きているんです。こだわりのポイントをどこに置くか。自分の中に軸を立てて、そこで楽しんでいると、うまくいくんです。

生きるってことに、もっとこだわればいい。どうやって生きていくかにもっとこだわればいい。自分のこだわりの軸に見合った縁ができれば、それはきっといい縁なのではないでしょうか。

そう考えると、**縁は生き方**ですね。どう生きるかで、どんな縁ができるかが変わる。その生き方を見て、縁をつくろうと思うのは他人です。他人が決めて、他人が判断して、縁ができる。だから人生は他人次第なんです。

無駄なプライドは縁を遠ざける。なぜなら人を不快にするものだから。

来世につなげる

僕にとって「いい縁」とは、自分を成長させられる人との縁です。それをつくっていくことです。

今のところ、僕はそう思っています。

「人を楽しませて生きていく」

「自分も楽しく成長しながら生きていく」

自分の軸はそこなので、そこにかかわる縁が自然とできていくんだと思います。

とはいえ、僕もまだ未熟者です。不完全な人間です。そもそも人間はみな不完全です。だから、

「感謝の輪ができるのがいい縁」

というふうにも思っています。

僕が「また会いたい」と思う人も、常に成長している人です。「次どうなるんだろう？　この人」と楽しみに思える人には、また会いたくなります。

つまり、お互いに成長し続ければ、「いい縁」になるんでしょうね。

人は、死ぬまで成長し続けます。年を重ねたらもう成長しないということはなく、肉体は老いても思考や感覚は変わり続けていくから、死ぬまで全力で成長し続けることが、生きる目的です。

僕はこれまで、「縁をつくりたい」ということが目的になったことはなく、自分が生きてきた通過点で縁ができていったと捉えていたので、目的はむしろ「恩を返す」ことです。「縁」の先に「恩」があるから、僕にとって縁とは、恩を返そうとしてつながる通過点でしかないのかもしれません。

恩を返したいと思うような、大切な人と出会うための通過点。 縁がつながると、今度は恩返しするには、どう生きるかが大事になってきますから、それが成長にもつながります。

前世占いってご存じですか？　じつは僕、前世

ではある武将についていた占い師だったらしく、占ってもらった時期も場所もまったく違う3人の占い師から、同じ前世を言われているんです。

だから僕がデータをため続けている占いノートは、前世のときの僕が書き起こしたことを、生まれ変わった僕が引き継いで、また書き続けているような気がしています。だからでしょうか、気のせいかもしれませんが、僕にしかわからないところがあったりします。

そう考えると、僕がこの人生で書き残しているノートは、数百年後、来世の僕がまた書き継いでいくときに役立つものにしなくては！　妄想ですが、いまはそんなふうに考えています。今世でいけるところまで全力で研究しますが、来世ではきっと、僕の生まれ変わりがまた学び直すんでしょうね。

来世に役立つ占い本って何だろう。数百年後に残るものの中で、来世の自分が「これだ！」と見つけられるものは何だろうって考えています。

縁をつなげるように、来世にノートをつなげるのも面白いなと。

今世では、僕がいま生きて頑張っていることが、息子や娘はもちろん、出会ったみなさんの縁につながって、お役に立てるといいなと思っています。

タレントの中川翔子さんと親しくさせてもらっていますが、彼女の父親は歌手で、彼女が幼い頃に亡くなっています。あるスタッフが、「お父さんにはお世話になりました」と彼女に言っているのを見て、こうやって縁はつながっているんだな、誰かがつないできてくれた縁なんだなと、先祖に思いを馳せたことがありました。そう考えると、どんな縁にも感謝しかありません。

自分だけがつないでいる縁ではない。そう思うとこの人生も、自分だけの人生じゃないなって思うんです。

すべての縁に感謝しかありません。

G

誰かがつないでくれた縁の中で私たちは生きている。

おわりに

縁はつかむものなのか？

「ご縁ですから」

僕はよくそう言います。

この本は、『縁のつかみ方』というタイトルですが、そもそも縁はつかみに行くものでしょうか。

半分はそう思いますが、半分はそう思いません。

10代の頃、芸人になりたくて、チャンスをつかみに家を出ました。

さまざまな出会いがありました。

20代の頃、コンビを解散して、どん底の生活をしました。

その頃、今でも続いている縁に恵まれました。

僕の人生を振り返ってみると、出会いがあっても縁が続いていない人もいるし、求めなくてもできた縁もあります。

そして今はもう、縁をつかみに行く、ということは、それほど考えていません。

じゃあ、結婚するとき、奥さんとの縁をつかみに行かなかったのか？

そう問われたらつかみに行ったと答えるでしょう。

でもそのときは、つかみに行くという意識はなかったかもしれません。「この人を幸せにしたい」と思っただけ。だから縁ができたのかもしれません。

僕が思うのは、縁はいつもあとから気づくもの。

その渦中にいるときは、自分に正直に、全力で生きているだけでした。そんな自分に見合った縁ができていったのでしょう。

誰だって、いい縁に恵まれたいと思っている。

「人生は、人との縁で成り立っている」

僕がそう思っているのは事実です。


では、どんな縁をつくっていくのか。

それはすなわち、どんな生き方をするのか、ということなんですよね。

どんな縁でも「この縁には何があるのかな」と、プラスに考えて行けば、プラスの縁にすることができると思います。


この本では、縁ができるとき、縁がつながるとき、縁って何なのか……について、これまで占いを通じて得た体験を元に、まとめてみました。

ここで書いたように、他人とは違うから面白いんです。

僕の考え方とは違っても、「そう考える人もいるんだな」と、自分なりに縁について答えを出していくことが、自分らしい縁をつくることにつながるんだと思います。

そして、自分が変わることで、縁も変わっていくんだと思います。

追伸
『縁のつかみ方』というタイトルに興味を持ってくださった皆さんへ。

この本は、「いい縁のつかみ方がわかる！」という、いわゆるハウツー本ではありません。

けれども、縁の成り立ちについて、思いを巡らすことはできたのではないかと思います。

読みながら、その人なりの「縁のつかみ方」が見えてきたのではないでしょうか。

旧暦10月（神無月）、出雲に全国の神様が集まり、縁について話し合うと言います。神様が1週間もかけて話し合うくらい、縁は人智の及ばないものでもあるのです。けれども、人との縁で人生が成り立っているのであれば、縁を見直すことは、人生を見直すことかもしれませんね。

ご縁を大切に！

ゲッターズ飯田

お笑いコンビ「ゲッターズ」として活動。コンビ解散後は放送作家・タレント・占い師として、テレビ、ラジオ、雑誌、ネットと幅広い分野で活躍中。芸能界最強の占い師として5万人を超える人々を占う。著書に、『ゲッターズ飯田の運命の変え方』（ポプラ社）、『ゲッターズ飯田の金持ち風水』『ゲッターズ飯田の運めぐり カレンダー』『ゲッターズ飯田の運の鍛え方』（朝日新聞出版）など多数。

ゲッターズ飯田オフィシャルブログ
http://ameblo.jp/koi-kentei/

ゲッターズ飯田《いいだ》の縁《えん》のつかみ方《かた》

2016年11月30日 第1刷発行
2018年10月30日 第8刷発行

［著者］ ゲッターズ飯田

［発行者］ 須田　剛

［発行所］ 朝日新聞出版
〒104-8011 東京都中央区築地5-3-2
電話03-5541-8832（編集）
03-5540-7793（販売）

［印刷製本］ 中央精版印刷株式会社

ISBN　978-4-02-251432-5
定価はカバーに表示してあります。
落丁・乱丁の場合は弊社業務部（電話03-5540-7800）へご連絡ください。
送料弊社負担にてお取り替えいたします。
なお、個別の占いや鑑定には応じかねます。ご了承ください。